SPIL NO TA GAÑA

Marella Nahr-Angelica

Copyright © 2021
Marella Nahr-Angelica

Editá dor di:
Lucille Berry-Haseth
Maurina Esprit-Maduro

Diseño i Portada:
Ascha Angelica

Fotógrafo:
Achsa Angelica
Rensly Simon
Jacob Owens

ISBN: 9781737005667

Na Entrada

Mundu nunka lo tin sufisiente teksto di enseñansa positivo pa yuda hende desaroyá na nan propio benefisio i na probecho di henter kolektividat. Spil no ta gaña ta konta di relashon humano den bida diario i lesadónan sigur por identifiká e eksperensianan akí den e kuenta.

Kada publikashon ku mira lus na bon papiamentu ku mensahe positivo ta kontribuí na elevá nos konosementu general, ta hasi nos spiritualmente mas riku i ta alimentá i oumentá rèspèt pa e lenga akí di nos. Vários di nos outornan lokal, meresidamente atmirá, a muri bai sin mira nan anhelo ferviente kumpli, esta mira nos pueblo atkirí e bon kustumber di lesa pa krese.

Kalidat di nivel di nos komunidat i di nos bida ta subi ku lesamentu. Lesa regularmente sigur ta mehorá funshonamentu di nos serebro, nos ta komprondé mihó nifikashon korekto di palabra, nos ta siña pone nos den sapatu di otro i asina komprondé otro mihó.

Meskos ku muzik adekuá, lesamentu di teksto inspirador tambe ta baha strès i baha preshon di sanger. Ta konosí ku un bon buki ta kombatí síntoma di depreshon i preveni ku nos mente ta bai atras segun edat ta subi.

Mi ta felisitá outor di Spil no ta gaña ku kua el a kontribuí na mundu literario di Kòrsou.

Lucille Berry-Haseth

SPIL NO TA GAÑA

Palabra di Eskritor

*D*en un publikashon anterior ku e título '*Matrimonio, Te ora morto separá nos! Tanten Bida ta Tene nos huntu*', nos por a lesa parti di e istoria di e pareha Toni ku Milah. Den e buki akí, skirbí den forma di novela, por lesa den detaye kiko a pasa den bida di e dos personanan akí. Nos por lesa di nan bida for di mucha, durante nan hubentut i tambe ora ya nan a bira grandi. Nan a drenta bida matrimonial pero despues di algun kontratempu nan a divorsiá. Hopi biaha tin e pensamentu ku hende 'kristian' no por o no mester divorsiá. Ta bon pa tene na kuenta, ku no ta kestion di ta 'kristian' òf nò, ta loke ta tene hende huntu sino ta stimashon sinsero, rèspèt i fieldat na bo pareha i na Dios.

Nos a lanta tende e kuenta di Blancanieves, esta 'Sneeuwwitje' den kua tin e pregunta: 'Spiegeltje spiegeltje aan de wand, wie is de mooiste van heel het land?' Ken ta esun mas bunita den henter e pais akí?

Den e kuenta ei nos ta mira kon e personahe ku ta aparesé komo un reina mal hende i mashá yalurs ta hasi uso di un spil mágiko. E spil tabata kontestá e bèrdat, esta ku ta é ta e persona di mas bunita den henter e pais pero segun Sneeuwwitje tabata krese e spil tabata kontestá loke e reina no ker a tende.

Den realidat tin diferente tipo di spil, tin spil ku ora bo para su dilanti e ta laga bo parse mas delegá òf mas yen i tin sierto spil te asta ta mustra bo ku kara ta hari òf yora.

Loke e kuenta ta konta ta sosodé hopi biaha den nos bida diario tambe. Ora un hende para dilanti di un spil ta dependé kiko e tin den su mente, esei lo reflehá di mes den e spil.

Si komo hende muhé bo para mira bo mes den spil anto bo pensa: 'esta dushi hende', ta esei e spil lo bisa bo tambe. Si bo para dilanti di e spil i pensa: 'bo no ta sirbi', esei ta eksaktamente loke e spil lo bisa bo.

Meskos ta konta pa un hende hòmber. Si un kabayero flaku para dilanti di spil i bisa e hende ku e ta mira: 'Bo ta un hòmber fuerte, mira bo brasanan ei', lógikamente ta nèt esei lo ta kontesta di e spil.

Asina nos por konkluí ku spil no ta gaña. Loke un hende ke òf ta interpretá ta konforme su propio pensamentunan.

Gradisimentu:

Danki na André Nahr mi esposo pa su enkurashamentu pa mi skirbi

Danki na señora Lucille Berry-Haseth, mi yùfrou di skol, ku a kontrolá e parti di idioma.

Danki na Maurina Esprit-Maduro, ku semper ta saka tempu pa lesa i duna "feedback" pa hasi e material mas dushi pa lesa

Danki na Achsa Angelica, mi subrina ku ta un diseñadó di profeshon ku a traha riba e parti gráfiko

Danki na Rensly Simon di wakmi.com pa su kontribushon ku algun portrèt

Na final pero no menos importante na mi Dios ku ta mi Fuente di inspirashon

Kontenido

Kapítulo 1	Toni ta kòrda	1
Kapítulo 2	Prueba di Fieldat	7
Kapítulo 3	Konfirmashon i Kompromiso	11
Kapítulo 4	Algun Preparashon Promé ku e Gran Dia	19
Kapítulo 5	E Gran Dia	25
Kapítulo 6	Algun Turbulensia den e Matrimonio	29
Kapítulo 7	Toni a Keda So	35
Kapítulo 8	Despues di Divorsio	39
Kapítulo 9	Bida ta Sigui	47
Kapítulo 10	Mensahe di Pordon	53
Kapítulo 11	Grasia ta un Regalo di Kreador	57
	Rekomendashon:	62

Kapítulo I
Toni ta kòrda

Despues di a dal un baño pa baha kalor poko, Toni ta papia ku esun ku e ta mira den spil: *Kiko bo a hinka bo kurpa aden?* Den su mente ta pasa manera un pelíkula tur e susesonan ku e ta kòrda bèk ku sierto doló i alabes ku alivio i te asta ku speransa. Su mente ta salta algun paso bai den pasado i kore yega te kaminda e ta pará awe. Toni ta kòrda kon tur kos a kuminsá, un romanse ku a kibra su matrimonio i kon esaki a kaba den e kos di mas tristu i ku mas ta duel e den su bida. *Milah, mi amor di semper...*

Toni su mente ta dualu bai riba su amor di infansia. Bibando na Pietermaai tantu Toni komo su rumannan a bai Brígidaschool. Ei el a sinta tur aña den e mes klas ku Milah.

Nan tabata sinta semper banda di otro. Ora nan a bai skol sekundario tambe nan a bai e mes skol. Hopi bia nan tabata bai biblioteka pa studia i prepará lès huntu. Nan a bira masha bon amigu. Toni den silensio a namorá di Milah. E tabatin sigur ku ta Milah ta esun berdadero, esun ku e ke kasa kuné den futuro i esun ku un dia ta bira mama di su yunan.

1

Añanan a transkurí i nan tur dos a slag. Dia nan mester a bai tuma nan diploma tabata e último dia ku Toni a mira Milah promé ku el a bai studia na Hulanda. Toni, un yònkuman ku bon tipo, a bisti un flus blanku pa e okashon i hopi dams ku semper tabatin bista riba Toni a rondon'é pa felisit'é. Milah a warda te ora a bira poko mas trankil rònt di Toni pa el a kana yega serka felisit'é. Toni a slag komo e mihó alumno di skol. Ora Milah a yega pa duna Toni man, Toni a bira i na lugá di dun'é man, el a dun'é un brasa. 'Bo tambe a slag masha bunita, Milah.' Despues Toni a hala Milah un banda i kue su man tene ku kariño i dulsura.

El a kumpra un renchi ku sèn ku el a spar ora despues di skol e tabata bai hala garoshi na un supermerkado na Mari Pampun. Ku Milah su man tené, el a wak e den su wowonan i bis'é: 'M'a haña un bùrs pa bai studia na Hulanda; Milah, nunka mi no a bisa bo pero mi ta namorá di bo, mi ke pidi bo warda riba mi, mi tambe lo hasi meskos. Mi ta regalá bo e renchi akí i mi ta primintí bo ku mi ta bini bèk pa kasa ku bo.' Milah ku tambe tabata sinti algu mas ku amistat pa Toni a keda enkantá i a aseptá sumamente emoshoná loke Toni a propon'é. 'Bon Toni, mi tambe ta primintí bo ku lo mi warda riba bo.'

I dicho echo, maske hopi hende a pensa ku Toni lo a makambiá, bini bèk ku un kasá òf un frei hulandes, esei no tabata e kaso. Toni a mantené su mes na loke el a primintí Milah. Regularmente nan tabata skirbi otro, i tabatin algun biaha ku nan a yama otro na telefòn. Toni i Milah a tene nan mes na loke nan a primintí otro. Durante 5 aña niun di dos no a sera amistat íntimo ku ningun otro persona.

Toni a terminá su estudio i regresá Kòrsou; Milah miéntras tantu tabata falta un aña mas pa spesialisá komo frumun. E tabata studiando na Costa Rica, ku un suma di plaka ku su mayornan a spar p'e. Milah su pashon tabata yuda mamanan na ora di parto. Milah, meskos ku Toni, a mantené su promesa maske no tabata fásil. Tabatin koleganan di estudio ku tabata tira riba dje pero semper e tabata wak e renchi i kòrda ku Toni ta wardando riba dje.

Ora Toni a yega Kòrsou el a haña trabou mesora, di su promé salario el a kumpra un renchi di kompromiso pa Milah, e biaha akí unu ku un bunita briante. Toni a pensa, *asina Milah yega Kòrsou mi ta pidié pa kasa ku mi.*

Ku masha alegria den su kurason el a warda e dia ku Milah regresá. Ta manera tempu tabata pasa pokopoko, pero porfin e dia a yega. Toni huntu ku Milah su mayornan a bai busk'é na èrpòrt i el a traha mesora un sita pa nan topa e siguiente dia na un lugá ku Milah tabatin mag di skohe.

Asina a sosodé: siguiente anochi Toni a pasa buska Milah i huntu nan a bai un restorant den Saliña.

For di shet'or nan a sinta kombersá di e diferente eksperensianan ku nan a biba, durante e añanan ku nan no a topa personalmente.
Ora nan a kaba di kome, Toni a hala su stul atras, hinka rudia i bisa Milah: 'Mi ke puntrá bo si lo bo ke kana band'i mi, no riba mi, ni bou'i mi, sino band'i mi. Bo ke bira mi esposa? Bo no tin nodi kontestá mi mesora, tuma bo tempu.' Milah a bira kontentu, i el a kontestá, ku un kara di málamucha: 'Awèl bon, mi ta pens'é i mi ta laga bo sa.'

Asina nan a despedí sin ku Toni tabatin kurashi di duna Milah e renchi ku el a bini kuné. Un kaminda den su kurason e tabata sa ku Milah tambe tabatin sintimentu p'e, pero tòg un sorto di miedu òf duda a drent'é.

Nan a sigui topa ku basta regularidat, spesialmente na momentu ku nan bai misa. Tur dos tabata mashá embolbí den sirbimentu na misa. Un dia Milah a partisipá Toni ku tin un grupo di misa ku ta bai afó pa kumpli ku un mishon i ku e tambe ta bai. Toni a haña esei masha bon i asina Milah a bai pa sigur un par di luna. Toni a sinti strañu sí ku Milah a bai sin duna kontesta si e ke kasa kuné òf nò.

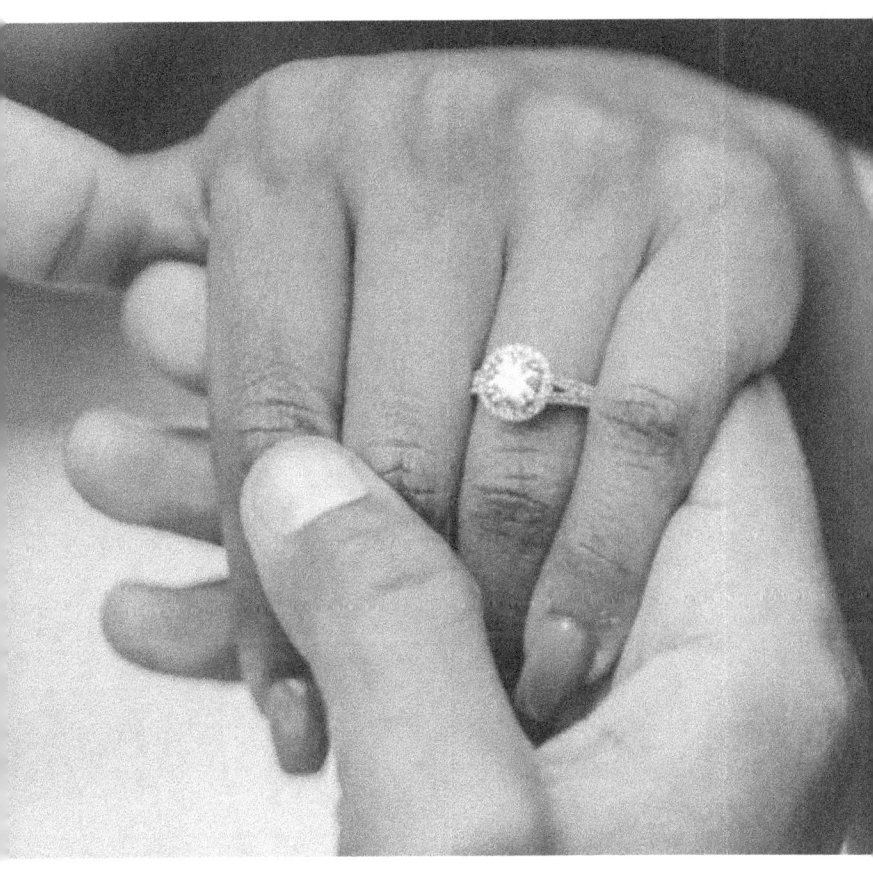

Kapítulo 2
Prueba di Fieldat

Toni no tabata por a komprondé dikon Milah no a kontest'é promé ku el a bai afó. Un pensamentu ta keda drei den su mente ... *akaso e no ta stimá mi manera mi ta stim'é?*
Un dia den e temporada ku Milah tabata afó, Maria, un kolega di Toni a invit'é pa pasa na su kas. Toni a bai i e no por gaña, tabata un anochi masha agradabel kaminda nan a kombersá i Maria a preparák un kuminda sukulento tambe.

Despues di sena, Maria a ofresé Toni kòfi; miéntras nan tabata disfrutá di e kòfi, Maria di: 'Toni mi ke bisa bo algu ..., mi tin un gran apresio pa bo.
Bo ta kere ku nos por ta mas ku amigu ku otro?
Mi tin sintimentu pa bo i mi a pensa laga mi bisa bo.'
E promé pensamentu ku a surgi serka Toni tabata di sali bai mesora pero ta manera el a tende un stèm den su paden ta bis'é: *No bai, pasobra Maria no ta mal hende, ta su sintimentu el a ekspresá; sea un amigu p'e i bis'é e bèrdat.*

Toni a keda un ratu mas i a tuma tempu pa splika Maria ku ya su kurason ta pertenesé na un otro; tin un hende ku e ta stima i ku el a propon'é pa kasa kuné. Tabata un eksperensia fèrfelu pasobra Toni a sintié inkómodo ku e mester a defroudá su kolega. Di otro banda, Toni a sinti ku el a kanta viktoria pasobra lo tabata fásil probechá di e kolega, ya ku ta e kolega akí mes a pone su mes den un situashon asina vulnerabel.

Ora Toni a yega kas, el a bai para dilanti di spil i pensa: *Ta den kiko mi ta hañando mi akí ... danki Dios mi ta stima Dios i Milah. Mira kon tur e tempu na Hulanda mi no a haña mi den situashon asina, m'a logra keda fiel na mi promesa na Milah, anto nèt awor ku mi a proponé pa e kasa ku mi, nèt awor akí e deklarashon di mi kolega ta presentá ...* Asina Toni a keda basta ratu dilanti di spil ta pensa papiando ku su mes ... *kualke di mi amigunan lo pensa ku mi ta kèns, pasobra Milah ta hopi leu, di biahe, anto nunka lo e por haña sa si algu sosodé; lo mi por a pasa maske ta un anochi dushi ku Maria.*

Eimes Toni a sakudí kabes, korigiendo su pensamentu na bos altu: 'Tend'akí Toni, ban serio bo a hasi masha bon di komportá bo manera un kabayero; si bo a hasi otro, lo bo a sinti bo masha malu, ku un karga pisá riba bo konsenshi. Nunka lo bo a pordoná bo mes, anto ta kon lo bo por mira Milah den su kara aworó?'

E anochi ei, Toni no por a drumi. Tabata un anochi di hopi lucha di konsenshi. Na un banda, un stèm tabata keda bis'é, *ai nò bo ta suak, bo a kore meskos ku Hosé den Beibel,* i un otro stèm ta zona mesora su tras, *bo a hasi masha bon, t'asina hòmber mester aktua teniendo su mes na e promesa ku el a hasi i ku rèspèt pa e hende muhé. Loke bo sembra bo ta kosechá. Konsiderá loke bo a pasa aden komo un prueba di fieldat, pasobra awor bo sa ku bo ta kapas di keda fiel na bo esposa.*

Asina tempu tabata pasa i Milah tabata demasiado okupá ku e mishon ku el a bai kuné. Ora e tabatin chèns i espasio nan tabatin kontakto ku otro.
Tur dos tabata warda ansioso e momentu di Milah su regreso. Den Toni su kurason el a kuminsá bira poko intrankil pasobra e tabata blo pensa, ta dikon no tabata bini un kontesta riba su pregunta.

Ora alfin a yega e dia ku Milah a regresá, nan a kumindá otro ku e kariño di semper. Toni tabata poko wantá pero masha kontentu ku su dushi ta bèk. Nan a topa na misa pero ketu bai nada di kontesta.

Kapítulo 3
Konfirmashon i Kompromiso

Un dia Toni a pidi Milah pa nan topa despues di trabou. Nan a topa na parke di bestia i Toni mesora a kuminsá papia, mustrando Milah ku e no tabata masha kontentu, ku ta basta dia tabatin ku el a hasi Milah un pregunta, pero ku Milah no a kontestá te ainda. Milah a mira e disgustu den kara di Toni i strañá el a kontestá: 'Ai nò Toni, bo ta referí na si mi ke kasa ku bo, klaro mi ke bira bo esposa pero bo a lubidá ku abo a bisa mi ku no tin purá pa mi kontestá i ku mi por tuma mi tempu, esei mi a hasi … síííí mi ta aseptá, Toni, … sigur mi ke kasa ku bo!'

E kontesta akí a hasi Toni e hòmber mas felis na mundu. Mesora Toni a kai na rudia, pa asina ofresé Milah e renchi. Despues di e momentu spesial ei nan a bai pa konta famia- i konosínan di nan intenshon i desishon. Ta hopi kos di prepará tin pa hasi e dia unu inolvidabel.

Un dia ku Toni i Milah tabata sinta kombersá tokante nan relashon, nan a kòrda riba un piramit i un plan di sinku stap ku nan a yega di tende di dje. Kada un ta diferente pero nan ta efikas pa yuda ora dos hende ta

buskando direkshon den nan relashon. Toni di: 'Ban wak si nos a sigui e stapnan akí korektamente.'
Milah a kontestá: 'Si nos studia e piramit bon, nos a sigui e stapnan sigur sigur.'

'Pa loke ta trata e sinku stapnan, sigun mi, nos ta na e stap number kuater, esta na nos kompromiso.'

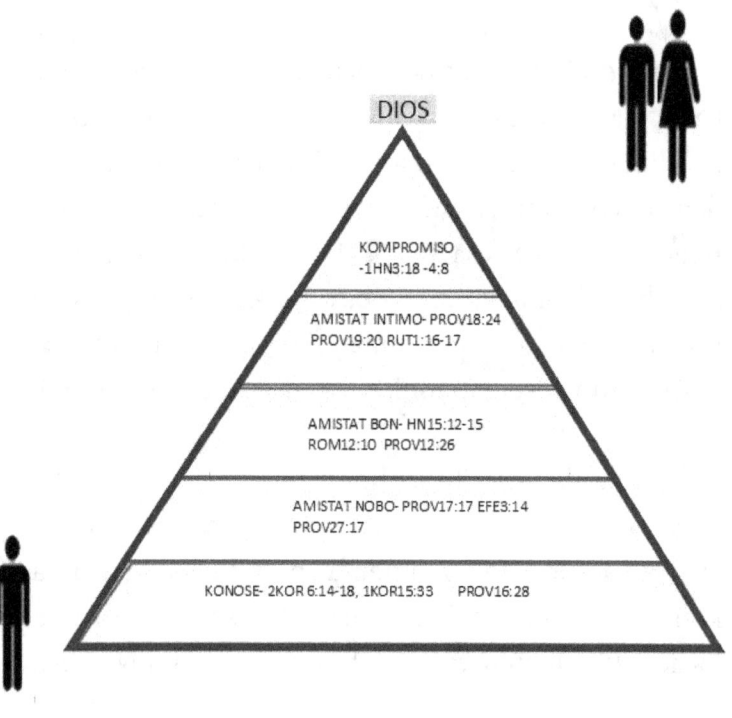

Ku masha rèspèt Toni a pasa un brasa rònt di Milah bis'é: 'Mi ta primintí bo ku lo mi hasi bo e muhé mas felis riba e mundu akí, pero ban konsiderá e sinku stapnan un biaha mas.

E sinku stapnan ta trata di e proseso ku ta kana for di momentu ku un persona a konosé e otro i ku ei a nase un amistat ku por resultá den un laso duradero.

1. Sondia: Purba haña sa opinion òf intenshon di un hende tokante un asuntu. Bo ta habrí pa topa hopi persona di e sekso opuesto sin ku bo ta fókùs ainda riba un persona so. Ora bo bista a kai riba un hende òf un persona a hala bo atenshon di un òf otro manera, e ora ei bo ta kuminsá buska informashon ken e hende akí ta, sea serka konosínan òf serka e persona mes.

2. Sera Amistat: Ora ya tin un hende partikular ku bo a konosé, i boso a bira amigu di otro, bo ta buska pa sa ken ta e persona su amigunan; boso ta sali huntu den grupo di konosí- i famianan. Ta temporada pa opservá e otro di aserka.

3. Señalá e interes ku tin pa e otro: Boso tur dos a kuminsá riparé ku boso ta sinti algu èkstra pa otro, boso ta sinti e konosido barbulètènan. Boso ta tuma un desishon i papia ku otro tokante e direkshon ku boso ta deseá pa e relashon bai i e deseo pa yega na algu mas serio.

4. Sera kompromiso pa drenta matrimonio: Aki boso ta pone mayornan, eventual tutor i tambe pastor òf lider spiritual na altura. Si e relashon ku e hendenan akí ta salú nan sa kaba di e relashon pero no di e desishon. Despues di e stap akí ta kuminsá prepará pa e gran dia.

5. Seya e relashon, e aliansa, ku un bendishon den forma di un promesa na Dios i na otro. Naturalmente ta tene kuenta ku reglanan di pais pa ofisialisá e matrimonio via lei tambe.

Ora ku a pasa kada stap i a yega na matrimonio, ta momentu pa intimidat total (sèks ku ta un sintimentu èkstra). Tene na kuenta ku e echo ku no tin sèks den e promé stapnan, no ta pa kastigá e pareha. Ta simplemente pa kuida otro den un relashon ku ainda tin chèns di terminá ya ku no tin nada sigur ainda.

Toni a sigui interkambiá pensamentu ku Milah:
'E sinku stapnan akí ta mustra ku komunikashon ta esensial. Loke nos mester hasi ta trata pa no djis asumí loke e otro ta pensa òf sinti, sino papia habrí i hasi pregunta kaminda mester. Evitá di reakshoná riba kada kos i no diskutí sin tin nodi. Siña soportá ku rèspèt i siña pordoná. Anto asta si bo hasi tur e kosnan akí ainda lo por surgi desakuerdo i nuamentu.'

Tantu Toni komo Milah tabata ke tin sigur, pues mas konfirmashon ku e matrimonio akí ta loke nan mes ke pero nan tabata masha interesá tambe pa sa kiko amigu, famia, i nan pastor ta pensa di nan desishon. Unda ku nan yega, tur hende tabata bisa e mes kos: 'Boso ta ègt destiná pa otro, boso ta un ehèmpel pa hopi hende.'

Despues ku nan a repasá e piramit i e sinku stapnan, Toni a pasa baha Milah na kas i ku un goso grandi den su kurason el a sigui pa kas. Milah a drenta, dal dos rònchi, bai den su kamber, para dilanti di spil kantando: 'Mi ta felis den mi alma, felis den mi alma, felis den mi alma i den mi ser, manera riunan di awa bibu, riunan di awa bibu den mi ser.'

Despues el a papia na bos altu ku su mes: Mir'akí Milah, yen di ko'i hasi tin anto bo ta para dilanti di spil ta kanta. Ban mira, kuminsá traha riba bo draibuk. Kargá ku energia Milah a kue su lèptòp kuminsá skirbi mesora tur loke e ta pensa ku e ke mira sosodé riba e dia grandi. El a pone nòmber di e testigunan, nòmber di padrino, madrina i di tur hende ku e tabata deseá pa sirbi na nan kasamentu.

Milah a yena tur detaye i siguiente dia el a bisa Toni: 'Aworó tin algu ku mi ke laga bo mira. Ora nos sali trabou ku nos topa un ratu mi ta mustra bo.' Toni no por a warda. Asina el a kaba di traha, el a hasi lihé pa e bai topa su dushi. Milah tambe tabata ansioso pa topa su prometido i mustr'é loke el a traha. 'Toni wak, m'a skibi nos draibuk.' Toni a tuma e draibuk habri'é i el a pasa dor di dje. Milah a nota ku e ekspreshon di kara di Toni a kambia bira serio. 'Bo no ta gust'é?' Milah a puntra. Toni a kontestá: 'Klaro, e ta tremendo; mi ta atmirá bo don di organisá pero mi no ta mira mi kontribushon aden. Kiko bo ta pensa si nos traha un draibuk huntu? Mi ta kere ku ta bon si nos por hasi kos huntu pa asina tuma desishon ku nos tur dos tin pas kuné.'

Loke Toni a trese dilanti a pone Milah pensa i ta manera un spil el a haña poné su dilanti, ku a pon'é wak den su kurason i evaluá pa su mes, kon bini el a aktua di un forma asina impulsivo. Klaro ku Toni tin rason, ta nan dos ta bai kasa i no e so. Toni su aporte ta mes importante ku esun di Milah. P'esei mes momentu Milah a bira bisa Toni: 'Sigur bo tin rason, no tin kestion'. Mesora el a kibra e draibuk. Huntu nan a tuma tempu despues pa traha e draibuk ku tur detaye pa e gran dia.

Kapítulo 4
Algun Preparashon Promé ku e Gran Dia

Milah a komprondé for di e asuntu ku e draibuk, ku e lès ku e mester a siña ta, ku nan tin ku hasi e kosnan huntu. Wak promé kiko ta deseo di e otro, tene kuenta ku esei i no tuma desishon sin konsultá. Lo no ta bai ta fásil semper, pasobra despues ku Milah a kaba skol, el a siña tuma desishon e mes; e tabata sa bon kon pa distinguí kiko e ke i kiko no. Milah tabata sa ku e ta bon den tantu atministrashon, atendé ku finansa komo den organisá evento sosial grandi i chikitu. Pero un kos ta sigur, lo e tin ku siña konsultá i tuma desishon for di awor, huntu ku su futuro esposo.

Den e draibuk nan a pone tambe ku nan lo ke bai sigui un kurso ku nan iglesia ta duna.
E kurso lo dura ocho siman i lo trata diferente tópiko ku ta útil pa nan matrimonio.
Nan a inskribí i e siguiente siman mes nan a bai e promé lès.

Nan no tabata sa kiko eksaktamente nan mester a spera di e kurso, pero sí nan a tende ku e ta bon i ku e lèsnan ta bai masha profundo. Meta di e kurso ta pa fortifiká i enrikesé, pa asina e pareha por yega na un matrimonio riku, stabil, sólido, satisfaktorio i ku ta sigui krese den stimashon i komprenshon.

E tópikonan a enserá:

1. Kiko ta matrimonio
2. Komparashon di matrimonio ku un skèr
3. Ekspektativanan den matrimonio
4. Metanan den matrimonio
5. Kada hende ta úniko; realisá i aseptá esaki den matrimonio tambe
6. Similaridat i diferensianan por komplementá otro den matrimonio
7. Aseptashon i rèspèt pa e otro
8. Kumplimentu ku i satisfakshon di nesesidatnan den matrimonio

Durante e kurso, Toni i Milah tabata topa i sera konosí ku otro kursista i den e kombersashonnan tambe, nan tabata siña hopi.

E último lès a trata entre otro satisfakshon seksual di bo pareha. Un detaye ku a resaltá i ku ta masha importante ta ku esun mester skohe i pensa ku e ke satisfasé e otro. Esei ta nifiká ku si kada un pensa asina, nan tur dos lo disfrutá di e bida matrimonial no solamente riba tereno seksual. E lèsnan tabata interesante i nan a sinti ku e ora a yega pa nan kasa. Nada no ta perfekto, pero nan ke konfia den Dios, konfia otro, hasi loke tin ku hasi, ku Dios dilanti i nan mes su tras.

Asina Toni ku Milah a sigui ku preparashon pa nan matrimonio. Nan a realisá tambe ku e dia riba kua nan lo bisa otro sí, ta un dia di e hopi añanan ku lo sigui despues. Tabatin tópiko ku tabata trata nan futuro huntu, ku nan a tuma tempu pa papia di dje. Esta, kon nan ta mira nan famia, kuantu yu nan lo ke i den ki término, kon ta atendé ku nan finansa i hopi asuntu mas.

E simannan siguiente nan tabata pasa hopi ratu huntu, pa deliberá i tin sigur ku lo realisá kada detaye di e mihó manera, di forma ku nan mes i otronan lo por gosa di e gran dia. Nan tabata asina felis ku pronto e dia lo yega. Nan a skohe pa invitá tur nan famia-, amigu-, kolega- i konosínan. Diferente di nan famianan a ofresé pa regalá loke mester pa parti na fiesta.

Naturalmente nan a bai Kranshi pa inskribí nan matrimonio sivil riba un fecha ku nan a skohe despues di a bati kabes huntu. Nan a traha huntu riba diseño di e karchi di invitashon ku a keda masha nèchi mes. Kada persona ku a risibí un karchi tabata reakshoná impreshoná. Nan a skohe pa e tema 'famia', i tur loke tabatin di ber ku dekòr i lo demas tabata na e kolónan blanku ku oro. Tambe nan pañanan, e sirbidónan, e lugá di fiesta tur kos a keda reglá. Nan a skohe un hòfi pa selebrá nan kasamentu pa risibí bendishon di Dios i tambe tene e resepshon.

Nan a disidí ademas riba e kas i kaminda nan lo bai biba huntu.

Toni tabata biba riba su mes den un apartamento di un kamber. Milah a kustumbrá biba serka su mayor- i su rumannan den un kas basta grandi. Huntu, Toni i Milah a skohe pa ora nan kasa nan por bai biba den e apartamento i for di ei traha riba sea kumpra òf laga traha un kas di nan mes. Namorá manera nan ta nan a bisa otro: 'For di aki nos ta bai traha riba nos nèshi di amor'.

Pa nan bai pasa nan luna de miel nan por a skohe sea Disneyworld òf un biahe ku un krusero, pero finalmente nan a skohe Miami Beach. Loke pa Toni i Milah tabata un eksperensia tremendo ta e echo ku nan konosínan, amigunan i famianan tabata biba e momentunan ku nan i tabata sostené nan.

Kapítulo 5
E Gran Dia

Toni, ketu bai pará dilanti di spil ku awa na wowo, ta kòrda i reflekshoná riba tur loke a tuma lugá.

E anochi promé ku e gran dia, Milah a bai keda den un kamber di hotèl i Toni a keda na e apartamento pa limpia i prepará pa ora nan bini bèk for di luna di miel nan por a drenta mesora.

Komo nan a palabrá kada detaye ku un persona yegá di nan, kende a keda na enkargo di e draibuk pa e gran dia, nan por a rilèks. Toni i Milah a disidí di no topa otro mas e anochi promé ku nan kasamentu, sino pa kada un apart tuma tempu pa hasi orashon. Di emoshon nan niun di dos no tabata por a pega soño. Mainta ora e wèker a zona nan a realisá ku nan a drumi un par di ora i ku e dia grandi a yega porfin.

Ora Toni a lanta, el a sali bai kana un tiki den bientu fresku pa kombersá ku Dios. Segun ku e tabata kana e tabata bisa Dios kon kontentu e ta i ku e tin konfiansa ku Dios semper lo yudé den e etapa nobo di bida ku e ta na kaminda pa bai drenta. Ora Toni a yega kas bèk el a dal un baño, kue tur loke e tabatin mester di bisti pa e kasamentu i a bai serka un famia kaminda nan lo a yud'é bisti.

A keda, ku 13:00 or, outo ta busk'é i despues pasa na e hotèl kaminda Milah i e sirbidónan ta. Ei tur a reuní pa sali huntu i asina yega Kranshi na tempu.

Miéntras tantu Milah tambe tabata preparando. Su makiadó, su pelukera i e hende ku a kose su paña tur a yega hotèl pa prepará breit.

Tin algun kustumber tradishonal ku ta grasioso, pero ku ta duna un muestra di onor tambe. Den e kaso akí Toni i Milah a skohe pa onra algun persona, por ehèmpel mama di Milah. E mama ku tabata sumamente orguyoso ku su yu ta bai kasa, a drenta kamber pa pone e korona riba kabes di Milah. Komo e tata di Milah no tabata na bida mas, a duna onor na e ruman hòmber mayó di Milah pa bisti un pia di sapatu. E nifikashon eksakto di e símbolonan akí no tabata konosí pa nan, pero di e forma ei nan hasi e miembronan di famia felis di por partisipá aktivamente na e kasamentu.

Ansioso Toni a yega hotèl pa topa esun ku pronto lo bira su esposa. Toni mester a para ku un bukèt di flor warda Milah, pero Toni manera semper a pensa algu èkstra pa hasi. El a subi bai un piso mas ariba i ora el a mira Milah ta pasa el a tira un flor pe. Milah a sinti ku algu a kai i ora el a wak ariba el a mira Toni ku su kara di málamucha ta tira sunchi p'e. 'Ègt Toni!' el a smail.

Den fila, Milah ku e sirbidónan tur a sali for di e hotèl pa bai topa ku Toni pafó. Manera nan a palabrá, brùit ta bai ku e testigu maskulino den outo, miéntras brùidehòm ta bai ku e testigu femenino. Despues ku nan sali Kranshi ta kambia i brùit ta kore ku e padrino i brùidehòm ku e madrina pa bai tuma bendishon i topa ku nan invitadonan.

E seremonia na Kranshi tabata masha emoshonante. Nan por a tende loke lei ta preskribí pa un pareha kasá tene su mes n'e. Tin puntonan ku a bini dilanti ku despues durante e seremonia na misa tambe a bini bèk den e predikashi. Por ehèmpel, hòmber i muhé debe otro rèspèt, fieldat, kuido, protekshon i riba tur kos stimashon.

Manera a palabrá ku e persona enkargá, tantu e dekòr komo loke tabatin pa trit na fiesta tabata bon reglá. Na final di e gran dia, nan tabata kansá pero sumamente felis. Di bèrdat esei tabata un dia grandi i ku a nifiká hopi pa nan.

Na diferente okashon nan tabata topa hende ku tabata na fiesta e dia ei, ku tabata komentá kon bunita i bendishoná tur kos tabata. Nan mes, ku plaser, tabata habri e albùm di potrèt pa wak i disfrutá di e shòtnan ku e fotógrafo a kue. E filmashon tambe tabata largu pero presioso. Despues ora nan yunan a nase, i sigun nan tabata bira grandi, hopi biaha nan tabata wak tantu e potrètnan komo e filmashon bèk.

Kapítulo 6
Algun Turbulensia den e Matrimonio

Toni ta kai sinta i ta sigui pensa, ni maske kiko e purba hasi su mente ta keda dualu den pasado. *Spil, kiko mas bo ke bisa mi?*

Despues di dia di kasamentu, bida di tur dia a dal aden. Kada ken tabata sali mainta bai nan trabou i atardi nan tabata topa otro bèk. Nan tabata hasi nan esfuerso pa aseptá otro su kustumbernan. No tin duda ku kada un tin nan propio forma di mira bida i ku kada un ta bini di un kultura diferente tambe.

Milah tabatin masha difikultat ku sierto manera di tene kas na òrdu di Toni. Un ehèmpel ta ku Milah a kustumbrá ku ora usa un wea, beker, tayó òf kòpi, semper e ta labé mesora pa por bolbe hasi uso di dje. Di otro banda, Toni tabata pone loke e usa, den e baki di laba tayó i e ta kue un otro pa e usa. E no tabata laba nan mesora sino warda nan bira mas tantu i e ora ei e tabata laba nan. Pa Milah esei tabata kada bes un motibu di diskushon, pasobra Toni ta haña ku e no mester hasi manera Milah a kustumbrá.

Den Toni su konsepto, hasi algu di un manera diferente no nesesariamente ta nifiká ku esei no ta bon.

Otro situashon ku tambe den promé tempu tabata kousa di diskushon ta ku Toni tabata gusta kome sosèshi. El a ripará ku Milah tur biaha tabata kòrta e puntanan di sosèshi kita afó. Toni no tabata por a komprondé e motibu. Ora e puntra Milah, semper e ta haña komo kontesta ku ta asina el a mira su mama hasi. Un dia ku nan tabata di bishita serka e mama di Milah, Toni a disidí di puntra e mama, kiko ta e motibu ku e mama tabata kòrta e puntanan di sosèshi kita afó.

E mama a kuminsá hari: 'E motibu ta ku despues ku mi kasá a fayesé nos tabatin ménos entrada i p'esei ta un panchi chikitu nos tabatin i e sosèshinan no tabata pas aden p'esei mi tabata kòrta e puntanan kita afó.' Toni a bira wak Milah, pasobra nan panchi sí ta unu grandi pues no tabatin niun motibu pa kòrta e puntanan kita afó. Nan a papia riba e tema ei i nan a yega na e konklushon ku kada unu bèrdat a bini for di diferente kas ku otro kustumber ku no nesesariamente ta malu, ni ku mester tuma nan over.

Mas Toni kòrda riba e kosnan akí, mas e ta yora. *Mir'akí kon un desishon robes, un aventura di lokura a pone mi pèrdè loke mi tabatin i awor un otro ta gosa di mi Milah. Lástima ku den bida no tin un kònòpi ku yama, 'rewind'!* Asina, riba diferente tereno i aspekto nan tabata dal den otro, aunke semper ku rèspèt nan tabata sali afó.

Toni ta sigui pensa i e ta kòrda ku e promé añanan tabata un bida di asina tantu felisidat ku hopi hende tabata yalurs di nan, un novela total. Despues di kuater aña - e yunan a bini un tras di otro - mas i mas Toni tabata nota ku ta manera nan relashon a bira unu di rutina. Trabou, kas, misa i atendé ku e muchanan. Milah kada bes ta bisa ku e ta kansá i te asta nan relashon seksual na dado momentu a kai te na un mínimo.

Asina trabou kaba, Toni tabata pura bai su kas pa e por tabatin tempu huntu ku su kasá. Despues a bira ku ora Toni yega, Milah tabata kontinuamente atendiendo ku e yunan i no tabatin masha atenshon p'e. Pa no mester bini diskushon, nunka Toni no a papia ku Milah riba loke e tabata pasando aden. El a pensa ku segun tempu pasa di mes kos lo drecha.

Na su trabou tur djabièrnè koleganan ta sali atardi ora nan kaba di traha bai un 'happy hour'. Tur biaha e koleganan ta invitá Toni pero e ta ninga pasobra e ke bai kas serka su famia. E koleganan ta chèrchè i nan ta tent'é, bisando: 'Bo ta laf, ni un biaha bo no por ban ku nos. Nos ta pasa prèt, un hende mester por gosa tambe den bida.'

Toni a komentá ku un kolega di trabou e situashon na kas ku a bira asina laf pasobra Milah no tin tempu p'é i ora e yega kas kansá ainda e tin basta pida pida kos di hasi den kas, i despues e úniko kos ku a keda nan tur dos ta di kai drumi morto kansá. E informashon akí a pone ku e kolega, ku Toni tabata konsiderá un amigu, a konseh'é pa ban ku nan bai distraí su mente. Asina, un di e djabièrnènan Toni a aseptá e invitashon di e koleganan pa bai 'happy hour'. Toni a bai ku intenshon pa keda djis un ratu i despues bai kas mesora.

Ora el a yega, e bar den un hotèl pabou di brùg, un di su koleganan Rosi a aserk'é i nan a kombersá masha ameno i nan a balia un par di piesa tambe, pasa masha prèt. Toni a dal un par di serbes i tambe algun bibida di meks ku su koleganan a trit'é. Su kabes a kuminsá bira pisá i el a pensa ku e ora ei sí tabata ora pa e bai kas. Rosi a puntr'é si lo e por a dun'é un left pasó e hende ku a bini kuné no tabata kla pa bai ainda. Toni a pensa ku tòg ta riba su kaminda pues no mester ta un problema.

Ora nan a yega na e kas kaminda Toni mester a baha Rosi, ku ta un mucha muhé yòn masha koketa, el a puntra si Toni por yud'é habri e porta di kas. E porta ta di palu anto dor di áwaseru el a reis i tabata difísil pa habri. Toni a baha for di outo zeilando un tiki pa bai yuda Rosi. Ora e porta a habri, Rosi a nota ku ta manera Toni tabata bai kai. Rosi a spanta, tene Toni su man i gui'é hib'é bai sinta riba un sofá paden. 'Warda mi traha un tiki kòfi pa bo, ya bo por bini bei un tiki, despues bo por kore bai bo kas', Rosi a bisa Toni. Rosi a lòs e dashi di Toni pa e por a haña poko airu anto ta despues di esei tur kos a kuminsá. E alkohòl, e oló fuerte di perfume i e kansansio a hunga un ròl.

Kapítulo 7
Toni a Keda So

Di e forma ei, e pesadia a kuminsá. Pensando bèk awor, Toni ta realisá ku ta su mes falta. Influensia di e alkohòl a hiba Toni na hasi loke hamas el a pensa ku lo el a hasi. E no a tuma tempu pa papia ku Milah riba loke e tabata eksperensiá, e kambionan na kas, e falta di atenshon ku e ta sinti. Kontrali, el a papia esakinan sí ku un kolega ku e tabata konsiderá su amigu.

No a keda na esun dia ei so. A bira ku hopi frekuensia Toni tabata sali kas i regresá te lat. Tabatin dia ku Toni no tabata bini kas mes, i sèmper e tabata bisa ku tabatin trabou ku mester kaba i ta p'esei el a keda ofisina pa kaba nan. Milah, tabata kere loke su kasá tabata bisa i ku tur e kosnan di hasi ku e tabatin e no a pensa ningun momentu ku su kasa tabata gañ'é.

Toni ku Rosi tabata tur djabièrnè na 'happy hour' huntu, pero nan a kuminsá ku un relashon mas intensivo ku otro tambe. Milah a riparÁ algu straño i el a reklamá e kambio ku el a nota den su esposo, pero na lugá di bai bèk na normal, e situashon a sigui ta bira pió. Ya Toni tabata demasiado embolbí den e relashon ku Rosi.

Un dia un prima di Milah ku ta biba den bario di Rosi a yama i den kombersashon el a pone Milah na altura ku e tabata mira Toni ta bishitá un kas di un dams ku hopi regularidat. Na momentu ku Milah a konfrontá Toni ku esaki, no a keda nada otro pa Toni, sino di aseptá ku ta bèrdat. Toni a purba defendé su akshon bisando ku Milah no tabatin tempu p'e i ku ta p'esei el a hañé den e situashon ei.

Despues di tende tur esaki Milah a piki su kosnan i tambe di e yunan i bai keda na kas di su mayornan huntu ku su mama. No tabata un desishon fásil, pero pa Milah esei tabata e manera ku e kera duna Toni tempu pa reflekshoná.

Pero despues ku Milah a bai, kasi no tabatin kontakto mas entre nan dos. Solamente pa motibu di e yunan nan tabata mantené komunikashon. Via un abogado Milah a tende ku Toni a entregá petishon pa diborsio. Milah a ninga di presentá na dos okashon i esei a pone ku hues a dikta e diborsio sin ku Milah a reakshoná nunka.

Algun luna despues ku e diborsio a keda reglá, Toni a laga Rosi bin biba serka dje na kas. Rosi, un dama ku tabatin 15 aña mas yòn ku Toni, a kustumbrá ku fiesta i dibertishon. Alkohòl i droga tabata parti di loke tabatin den bida di Rosi. Toni tabata pensa ku ora Rosi bin biba serka dje lo e stòp ku paranda i ku lo e por a forma un famia ku Rosi. Nan tabatin ya tres aña huntu, pero esei no a sosodé.

Mas i mas tabatin diskushon entre nan dos. Loke a atraé Rosi na Toni ya no tabat'ei mas. Rosi tabata haña ku Toni ta masha antikuá i ku e tabata stroba Rosi di gosa di su hubentut. No tabata intenshon di Rosi niun momentu pa e tin algu serio ku Toni, anto sigur no pa haña yu i daña su figura. Despues di e tres añanan ei Rosi a disidí ku e ta bandoná Toni. E motibu tabata ku el a topa ku un yònkuman di su edat ku ken e tabata sinti su mes felis i asina el a bai kuné, laga Toni atras ku hopi doló.

Kapítulo 8
Despues di Divorsio

Toni tabata sufri pasobra el a realisá ku tabata su mes falta ku el a kai den e situashon ei. El a keda e so pasobra no solamente e aventura apsurdo ku Rosi a terminá, sino ku el a pèrdè loke tabata di mas balor p'e esta su famia, esun ku el a forma ku Milah.

Despues ku e divorsio a keda reglá, e yunan a keda biba ku Milah i den wikènt i fakansi nan tabata pasa ku Toni. Un dia ku e yunan a bini di bishita, nan a konta Toni ku algu masha grandi tabata bai sosodé i ku nan no ke pa nan tata tende di otro hende i rabia. Nan a saka un karchi di invitashon ku tabata pa un kasamentu. Ora Toni a mira e nòmbernan e no por a kere loke e ta lesa: Milah ta bai kasa, anto e siguiente dia kaba. E mester bai wak ku su mes wowonan.

Siguiente dia Toni a bai Kranshi i ku awa na wowo el a para mira kon su Milah tabata subi e trapi bunita di e edifisio drenta, huntu ku un otro hòmber. Úniko kos ku Toni por a bisa den su mes ta: *E hòmber ei tin suèltu di haña un muhé manera Milah.*

Toni tabata pensa: *Mira kon e tabatin tur kos ku e tabata deseá den su esposa i su yunan pero pa un momentu ku e no tabata alerta, el a hañé den e situashon ku e ta aden.* Toni tabata konsiente di balor di e kursonan di matrimonio ku nan a bai, e tabatin tambe ehèmpel di su mayornan pero ora e mester a akudí pa konseho, e no a bai serka niun hende ku lo por a konseh'é kon pa atendé ku e situashon na kas. Anto awor no tin moda di hasi mas, bida ta sigui i e no por drei oloshi bèk.

Miéntras tantu, Toni a trata na sigui ku su bida. El a kuminsá bai iglesia bèk tratando na haña pas. Tur dia e tabata yora pasobra e no por a kaba di pordoná su mes.

El a haña un trabou nobo di mas responsabilidat. E tabata purba hasi su trabou manera ta ferwagt di dje. Sin embargo, algun biaha su shèf mester a hala su atenshon pasobra e no tabata konsentrá i kumpli manera mester ta.

E shèf a konsehé asta pa bai un sikiatra òf un sikólogo pa wak si e por haña ayudo. Toni a traha un sita ku un sikiater kende a skuch'é i a konseh'é pa tuma algun remedi ku lo por trankilis'é i dje forma ei e por konsentrá mihó. E remedinan tabata yud'é kumpli mihó ku su trabou pero no tabata yud'é pa e por a pordoná su mes.

Un dia algu remarkabel a pasa durante un bishita ku el a hasi na un misa. No ta e misa kaminda e tabatin kustumber di bai pero bayendo kas, el a mira un porta habrí ku hende kantando un bunita kantika di adorashon. Su hemut a yena i el a parker su outo, baha bai paden. Despues di e kantika a sigui un mensahe:

'Pordoná òf rekonosé ku bo ke risibí pordon. Kiko ta stroba hende pa yega na pordoná? Tin hopi hende ta kana rònt ku e problema akí dor ku nan no ta skohe pa pordoná ni ke bai den serkania di esun ku mester pordoná nan. E situashon akí por yega na un ekstremo ku bo por bira malu, sinti stoma òf haña problema ku kurason, migraine etc., etc.

Den e parábola konosí bou di e nòmber 'e yu pèrdí' bo ta topa e dos tipo di hendenan akí, esun ku ta pordoná den e kaso akí 'e tata' i esun ku tin ku risibí pordon, esta 'e yu.' E yu a bai kas bèk ku e riesgo ku e tata lo por kore kuné pasobra el a bira konsiente di e kondishon ku e mes ta aden. E tata tambe a haña chèns pa meditá durante e periodo ku e yu no tabat'ei i kisas tabata sinti su falta, no opstante loke e yu a hasi. Su kurason tabatin e pas pa por a pordoná.'

E mensahero a sigui papia: 'Den e buki *Rumannan Karamazov*, di e eskritor ruso Fjodor Dostojevski[1], Grushenka ta konta un kuenta: 'Tabatin un kunukero, un muhé masha mal hende. Ora el a muri, e no a laga niun bondat atras. Algun demoño a fang'é bent'é den un laman di kandela. Su angel wardadó a puntra su mes kua bondat e por kòrda ku e muhé akí a hasi i el a kòrda ku e muhé akí un biaha a kue un siboyo for di su hardin i duna un hende pober. E angel a konta Dios i Dios a bis'é pa kue e siboyo i mustra e muhé den e laman di kandela i si e kue e siboyo tene, e mester sak'é i hib'é den paraiso pero si e siboyo kibra anto e kai, lag'é den e laman di kandela. E angel a obedesé i bisa e muhé: 'Bin, kue e siboyo tene, mi ta trèk bo saka bo akifó.'

E muhé a kue e siboyo tene i e angel a kuminsá ta trèk e pa sak'é fo'i dje lugá. Na dado momentu algun mal hende mas ku tabata den e laman a mira i a bula tene na e muhé pa nan tambe por a sali. Ora e muhé a sinti esei, el a kuminsá sapatiá, gritando: 'E siboyo ta di mi, e no ta di boso. Ta ami tin derecho di sali.' Krak, e siboyo a kibra.'

E mensahero a bisa algun kos mas despues i el a terminá: 'E muhé akí por ta abo òf ami. E no a kòrda ku el a duna e siboyo na un pober kaba. Kier men, ya ta un milager ku e siboyo ta presentá den e momentu difísil ku e ta aden. E úniko kos ku e mester a hasi ta ten'é, pasobra e angel mes ta trèk e bai ariba. E hendenan a bula tene n'é. Nada no a pasa, te ora el a kuminsá papia fo'i su kurason di avarisia i trapa e hendenan. E por a demostrá kompashon ku esnan ku a tene n'é.

Na e momentu mas krusial nos ta duna balor na loke nos tabatin, na lugá di komprondé e peliger ku nos ta aden. Òf bo ta kere ku bo ta un bon hende, p'esei bo no ta pordoná i abo ku sa ku bo a hasi daño na un otro, por ta bo ta topa e hende, pero bo ta eskivá e kombersashon pa e otro no pordoná bo. Ora bo duna e otro espasio pa e mira ku ta duel bo loke a pasa, ku bo ta arepentí, sigur esei ta un riesgo pero ta bale la pena. E eskitor Blaise Pascal a bisa kurason konosé rasonnan ku rason no konosé.

Tanten ku bo tene distansia bo no tin pas i e otro tampoko. Kiko den bo pensamentu- i sintimentunan, òf den bo kurason ta stroba bo di pordoná òf risibí pordon?'

Na fin di e mensahe algun hende a bai dilanti pa rekonsiliá ku nan Kreador i ku e bèrdat.
Skuchando e mensahe akí, Toni a realisá ku e mester pordoná su mes i rekonosé su fayo dilanti di Dios i hende. Toni a sinti e nesesidat di tende mas di e tópiko akí i el a traha un sita ku e pastor di su mes iglesia.

Manera palabrá, wikènt Toni tin su yunan huntu kuné. Esta un doló kada bes ku e mester bai baha nan na nan kas. E tabata kontentu sí, ku e por tabata ku nan i ku e por ta parti di nan desaroyo. E muchanan tabata bai bon na skol i ora tabatin nochi di mayor, Toni ta hasi esfuerso pa e no falta niun. Na e anochinan akí Milah i su esposo tambe tabata presente.

Ta momentunan ku Toni tabata haña Milah mira i esakinan ta e ratunan ku e por tabata den presensia di Milah maske ta djaleu, anto esei tòg tabata hasié felis.

Toni tabata sa bon bon ku ta su mes falta ku el a pèrdè e amor di su bida; e tabata konsiente tambe ku e no tabata por tin derecho, niun tipo di deseo ni speransa pa loke ta Milah. Pero e no tabata por a ninga ku e sintimentu di apresio i mas ku tur kos di amor pa Milah hamas a kita. Ta mané Milah a bira mas bunita, anto semper ora e mira Toni, Milah tabata kita kara.

Kapítulo 9
Bida ta Sigui

Algun luna a pasa i direpente a kuminsá straña Toni ku e esposo di Milah no sa bini e nochinan di mayor mas, siendo ku den kuminsamentu e tabat'ei na tur. Toni no tabatin e kurashi di puntra ni Milah ni e yunan e motibu. Loke Toni sa ta ku e esposo di Milah ta trata su yunan semper bon.

Un biaha un di e yunan, esun mas chikitu, su boka a slep, e di: 'Papa sa ku tio ta malu, ambulans a bin busk'é awe na kas. E yu mas grandi mesora a kambia e kombersashon i Toni no a haña chèns di puntra ta kiko a pasa tio Franklin. Toni a hala Timmy, e yu grandi, un banda i puntr'é kon e ta sinti'é. Timmy a bira kontestá mesora: 'Ami ta bon, di kon tata ta puntra?' Pero kara di Timmy tabata papia otro kos. 'Timmy, tata ta mira ku bo ta rabiá i ku bo tin doló, kisas bo por purba ekspresá loke bo ta sinti, tata a riparás ku bo no ke bini masha serka tata. Bo ta rabiá ku tata?'

Tras di e kara rabiá, Toni ta mira ku Timmy su wowonan ta bira glas. 'Mi yu bo tin mag di papia ku tata, kiko bo ke bisa mi?' Timmy a kue Toni brasa duru, i kontestá: 'Dikon tata a bai laga nos, dikon tata a stòp di stima mama i nos, dikon tio mester bira malu, dikon yen di kos malu ta pasa ku nos?' 'Timmy, tata no tin kontesta riba tur kos, pero un kos tata por bisa bo, ku tata ta stima boso i ku tata tin hopi duele di tur loke ku a pasa. Mi ta spera ku tio ta bira bon pronto.'

Grandi tabata Toni su sorpresa ku un dia Milah ta bel e puntr'é si e muchanan lo por bini serka dje riba un dia ku no ta esun palabrá. Toni ku semper ke pa e yunan ta huntu kuné no a duda i mesora a bisa sí. Milah no a duna muchu detaye pero simplemente a bis'é ku su esposo no ta sinti bon i ku e tin ku kompañ'é bai afó pa un par di dia pa hasi algun tèst.

Ora e muchanan a bini atrobe, esun mas chikitu ta kuminsá konta kon tio tin dia ta keha, pasobra e tin masha hopi doló. 'Mama a bisa ku nos ta bin keda serka papa pasobra mama ta bai ku tio afó serka un otro dòkter!'

E biaha akí sí e yu mayó no a trata na kambia e kombersashon, pero Toni por a mira ku su wowo a yena ku awa. Toni a kue e muchanan brasa nan duru i invitá nan pa resa pa tio. El a kue nan man tene i trese e tio den orashon; na e momentu ei no a import'é ku tabata trata di e esposo di 'e amor di su bida'.

Asina Milah a bai afó ku su esposo i aya nan a haña tende ku dòkter spesialistanan no por a hasi nada mas p'e, i ku e esposo no tin masha tempu mas di bida.

Na nan regreso nan a palabrá ku nan ta tene e informashon ei pa nan mes sperando ku e kurpa tòg lo rekuperá.

Sinembargo un dia mainta tempran Toni ta haña un yamada di e yu mayó ku ta puntra si Toni por bini na kas serka nan. Toni a sinti un ansha serka e yu. Purá el a lanta dal un baño lihé lihé. Strañá ku ta e yu a yama i no Milah mes. Ora Toni a yega, el a bin topa ku e esposo drumí bok'abou den sala den un plas di sanger ku un kap na su frenta. Ambulans a kaba di yega i nan no tabata por a hasi nada mas p'e. Milah tabata sintá den un stul ta yora, wardando dòkter bini pa konstatá morto.

Toni no tabata sa presis kiko bisa Milah, el a sinti un deseo grandi di brasa Milah i konsol'é. Pero e no tabatin sigur kon Milah lo a reakshoná. Ta p'esei el a tuma enkargo di e muchanan i a bisa Milah ku e ta bai ku nan. E mes lo yama skol pa partisipá ku e dia ei e muchanan lo no ta na skol.

Tabata un periodo basta difísil pa Milah i di mes e muchanan tambe tabata sinti inkómodo ku e situashon. Toni tabata trata di aliviá Milah tur momentu ku esei tabata nesesario. Milah tabata sumamente agradesido ku Toni a tuma riba dje pa atendé ku e yunan di forma ku Milah por a kaba regla entiero i tur lo demas.

Toni a bai e entiero pa kompañá su yunan i den su kurason e tabata ke t'ei pa Milah tambe. Di e manera ei e tempu difísil a pasa i tur ora ku tabata posibel i nesesario Toni tabata disponibel pa yuda Milah den kualkier kos nesesario.

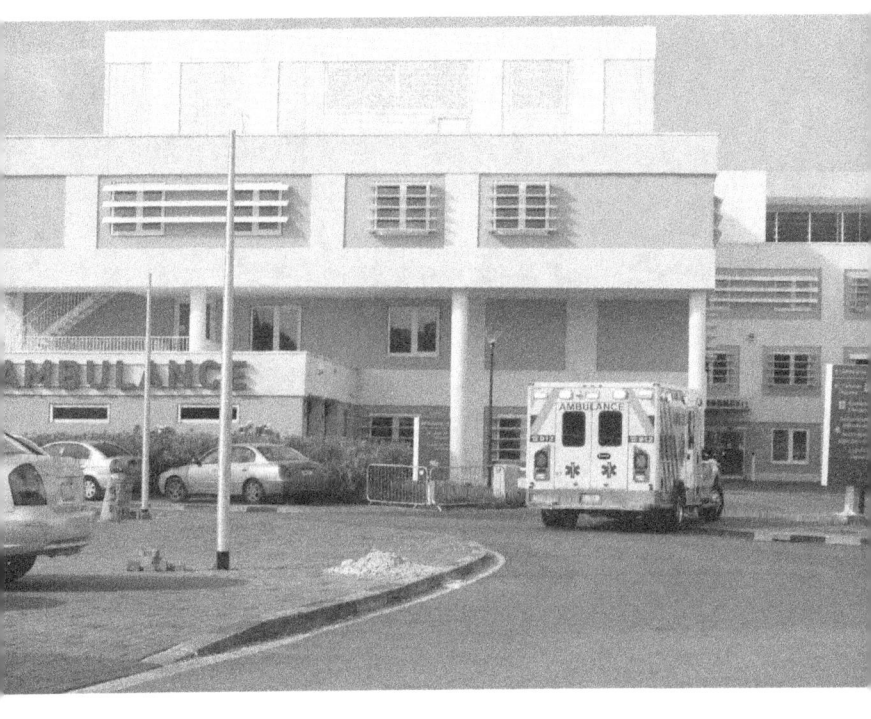

Kapítulo 10
Mensahe di Pordon

Despues di tres siman ku Toni a tende e mensahe den e misa, e dia a yega pa e por a kombersá ku su pastor tokante e tópiko pordon i pordoná. E pastor sintá den su kurá, bou di un palu di mango, na un manera simpel a splika Toni mas di e tópiko. Sigun e pastor tabata papia kuné, Toni a mira su bida pasa manera un karavana su dilanti.

Esaki ta entre otro loke e pastor a bisé: 'Algu por fasiná un hende i laga e kere ku ta amor. Por ta algu a fasiná bo na e promé 'happy hour'. Ban wak. Kisas bo tabata lihé pa buska e motibu di divorsio den e falta di atenshon di bo kasá i asta den bo koleganan ku a invitá bo bai 'happy hour'. Por ta asta bo ta kulpa Rosi òf bo ta mira alkohòl komo kousa di tur kos.

Na sierto momento i di sierto forma Toni, maske amor di Milah pa bo tabata konosí, bo amor p'é tabata na punto di bira mas profundo. Lo bo por a skohe pa stima maske bo ta sufriendo, stima maske bo no tabata risibiendo loke bo a kustumbrá kuné, e ora ei stimashon lo a laga bo aseptá sufrimentu i lo bo a balorá debidamente loke bo tin.

Amor sa di keda firme, maske e yega na konosé partinan ménos dushi di e otro. Stima, sufri, i sigui stima tòg. Mi yu, wak e krus di nos Señor, kua amor bo ta topa ei? Bo amor pa Milah tabata na punto di bira mas profundo i bo no a tuma tempu pa realisá bo esei i kòrd'é riba boso promesa di amor di tur tempu.

Bo por a puntr'é ku kiko bo por a yud'é ku e yunan, saka trabou for di su man. Ata bo a yud'é ku nan despues di divorsio? No ta huntu boso a hasi tur kos semper? Bo ta kòrda e draibuk, manera bo a konta mi, kon boso a solushoná e parti ei?'

Toni ta hala un rosea i suspirá: 'Por ta mi fayo ta sintá mas den e echo ku mi a kita mi bista for di mi kas, ku tur e kosnan ku mi a benta falta riba dje i ku mi no a komuniká ku mi kasá, mi no a habri mi kurason kuné …; pero kiko mi miedu tabata antó?'

'Ta tempu pa un draibuk nobo' e pastor a bisa Toni ku kompashon i kariño.'

Toni a haña un spil su dilanti, i hopi kontesta riba su preguntanan. Mas ku tur kos el a bin nota ku tur su pregunta- i inkietutnan tin kontesta pa nan den e Palabra di Dios, esta den Beibel. Na final di e kombersashon pastor ku Toni a resa, i un biaha mas Toni a pidi Dios pordon, sabiendo ku si Dios dun'e un oportunidat mas, no por ta nada otro, sino un milager.

Kapítulo 11

Grasia ta un Regalo di Kreador

Tempu no ta para ketu i lunanan tabata transkurí i hopi biaha Toni i Milah tabata topa otro pa motibu di e yunan pero tabatin okashon ku djis nan a bebe un kòfi huntu.

Durante un di e enkuentronan ei, Toni a tuma kurashi, pidi Milah pordoné. Milah a bira wak Toni i kontestá: 'A tuma mi hopi tempu pa mi por a pordoná bo, pero un dia Dios a papia na mi kurason i m'a tende: *Milah, si bo ke sigui ku bo bida, bo tin ku realisá ku pordoná ta kuminsá serka ABO; tanten bo no pordoná, ta abo ta sigui kana ku e persona mará na bo man manera un piedra grandi pisá. Bo ta sigui lastra e piedra akí i ta bo mes e ta kansa i hasi daño.* Milah a sigui bisa Toni: 'E dia ei m'a komprondé ku mi tin ku tuma un desishon pa pordoná di manera ku ami por a sigui.'

A tuma Milah basta tempu promé ku el a aseptá un hòmber den su bida atrobe. Su difuntu esposo Franklin tabata un hòmber ku a stima Milah i semper a respetá tantu Milah komo su yunan. Tabata añanan ku a sirbi

pa Milah por a haña pas ku su mes i studia kiko e mes lo por a hasi diferente den e matrimonio ku Toni.
Segun Milah ta konta Toni kuantu a kosta pa el a siña pordoná, awa ta yena wowo di Toni. E tabatin asina tantu duele di loke el a hasi e persona ku e ta stima, djis den un momentu di debilidat ...

'Milah, mi no sa kiko mi mester bisa, ora mi tende bo papia ta komo si fuera ta un spil ta poné mi dilanti; mi ta sinti ku mas ku nunka mi ta stima bo, awor ku un amor diferente. Algu a kibra den mi i un sintimentu nobo a nase. Mi ta spera ku un dia bo por permití mi bèk den bo bida. Mi no ta primintí ku lo mi hasi bo e muhé di mas felis ku ta eksistí, pasobra un bia kaba mi a primintí esei sin kumpli. Loke sí mi ta bisa ta ku lo mi t'ei pa bo i Dios ta duna mi forsa pa mi kuida bo.'

E muchanan a kana yega nèt promé ku Milah por a bisa algu. 'Mama, Papa, wak e potrèt akí ku nos a saka aworei, e kos akí ta arte, wak kon solo ta reflehá den e spil akí.' Milah ta seka su wowo i Toni tambe; e muchanan den nan entusiasmo no a ripará nada.

Na kaminda pa kas, e yu mas chikitu ta puntra: 'Mama, Papa por keda drumi serka nos awé? Ya nos por hunga playstation. Mi tin un wega nobo ku mi tin sigur ku mi ta gana Papa.' 'Papa por keda hunga un ratu ku bo, pero despues Papa ta bai su kas, awe ainda Papa no ta keda,' Milah a respondé.

'Ainda? Warda … m'a tende bon?' Un smail a dòrna Toni su kara, su kurason a salta di alegria. 'Ke men tin speransa!'

Toni ta bolbe lanta para dilanti di e spil, ketu bai ku e smail dòrnando su kara … pensando: *Ta bèrdat ku spil no ta gaña, mi ta mira akí henter mi historia, marka di mi momentunan di alegria, di tristesa, di doló, di traishon, pero tambe di speransa, afortunadamente!*

Na final.......algu pa pensa…

Den bida nunka un hende lo no keda sin haña su mes dilanti un spil

Spil kisas ta inkapas di bisa e bèrdat ma nunka lo e no gaña

Rekomendashon:

Manera mi a kuminsá lesa e promé kapítulo, mi a hañami den e istoria. Un relato bibu i real.

Kuriosidat a drenta, pa mi sigui lesa. Kada kapítulo riba su mes ta trese prinsípionan pa atené na dje pa garantisá éksito den relashonnan.

Tremendo, un piesa balioso ku lo sirbi komo instrukshon i guia pa tantu soltero (a) komo pareha matrimonial.

Tin diferente aspekto ku mi a para ketu na dje ku ta lésnan di bida, entre otro:

- Balorisá loke bo tin
- Hasi ku otro loke bo ke otro hasi ku bo
- Rekonosé bo debilidat
- Pordoná ta hasi bo liber

E buki aki ta riku. Tin hopi mas siñansa den dje. Esun ku ta sabí ta tesorá i apliká nan. Un obra bon skibí ku ta instruktivo i ta aportá na engrandesé nos idioma Papiamentu.

Dr. Rinnah M.M. Esprit-Maduro EdD
Funshonario SCONS- FO,VSBO
Eks minister di Enseñansa na Korsou na 2017

www.ingramcontent.com/pod-product-compliance
Lightning Source LLC
Chambersburg PA
CBHW062154100526
44589CB00014B/1826